Heilung durch Licht und Farben

Mario Campana
Heilpraktiker

Ich danke den vielen fleißigen Händen ohne deren Hilfe das Buch nicht erschienen wäre.

Insbesondere danke ich Mary für Ihren Einsatz und Ihre Geduld.

MediColor Verlag
ISBN 3-00-006005-7
Satz u. Gestaltung Fa.grafik-design-holtz, Neustadt
Druck

Vorwort

In den letzten Jahren verzeichnet die Farbtherapie aufgrund der phänomenalen Erfolge einen enormen Zulauf.
Viele Ärzte, Heilpraktiker, Masseure, Kinesiologen, Krankengymnasten, Psychologen und der neuzeitlichen Entwicklung aufgeschlossene Menschen nutzen für ihre Patienten und für sich selbst die Heilkraft der Farben. Es bilden sich überall neue Gesellschaften zur Erforschung und Anwendung der Chromotherapie. (Die Lehre der Farben)
Dieses Buch soll dazu beitragen, die unbegrenzten Möglichkeiten der Farben wenigstens teilweise zu nutzen. Da jeder Mensch immer nur einen Teil der absoluten Wahrheit erfaßt, und er immer Begrenzungen unterliegt, kann ich bei meinem Buch auch immer nur meine Sichtweise und Erfahrungen darstellen.

Diese Buch erhebt keinen Anspruch auf Vollständigkeit.

Allen Pionieren, die es sich als Lebensaufgabe gestellt haben der Natur des Lichtes und der Farben kleinste Erkenntnisse zu entlocken, sei an dieser Stelle ausdrücklich gedankt.

Besonders aber möchte ich dem Kosmobiologen und Arzt, Dr. med. Ernst Möller, meinen Dank für sein aufopferndes Leben im Dienste der Menschheit ausdrücken.
Ihm ist dieses Buch gewidmet.

Ich hoffe, in tiefer Bescheidenheit, einen kleinen Denkanstoß zu geben um eine der ältesten, natürlichsten und wirksamsten Heilquellen, **die Farben,** zu nutzen.

Die Farben wurden uns von der göttlichen Natur gegeben, um uns gesund zu erhalten und uns zu erfreuen.

Mögen die Farben dazu beitragen, Ihre Schmerzen zu lindern und die Krankheiten zu heilen.

M.Campana, Heilpraktiker

Inhaltsverzeichnis

Kapitel 1

Ursprung und Geschichte der Farblehre

Die Farbtherapie ist so alt wie die Menschheit selbst.
In allen großen Kulturen war die Sonne als Spenderin des Lebens der Mittelpunkt des Seins.
Dem Sonnenlicht wurde neben dem göttlich, schöpferischen Strahlungen auch eine vitalisierende und vor allen Dingen HEILENDE Wirkung zu geschrieben.

Die atlantischen Rassen, wie die Mayas und Azteken, die Perser, Ägypter und die Indogerman. Stämme pflegten den Sonnenkult und verehrten das göttliche Licht. In den frühen Hochzivilisationen wurden Farben als natürliche Heilquellen benutzt.
So berichten alte Aufzeichnungen von besonderen Kristallen, die die Fähigkeit besaßen die Sonnenenergie zu speichern und in potenzierter Form wieder auszustrahlen. Diese Steine, die es in allen Farben und Größen gab, hatten eine Heilwirkung von der wir uns keine Vorstellung machen können. Vergleichbar hierzu ist unsere heutige Lasertechnik, die ebenfalls durch gebündeltes Licht gewaltige Kräfte frei werden läßt.
In den späteren Kulturen wurden von den Priestern, die auch gleichzeitig Heiler waren, spezielle Räume und deren Gegenstände in ganz bestimmten Farben gehalten um Über- oder Unterfunktionen von Organen, Drüsen bzw. deren Energiezentren, zu beseitigen.
Die Kranken wurden in spezielle Farbgewänder gehüllt und mit hellen lichten Farben bestrahlt. Der Leidende mußte seine Ernährung der Krankheit anpassen.
Das heißt, er durfte nur die farblichen Lebensmittel zu sich nehmen, die den entsprechenden Mangel beseitigten. Ebenso wurden psycholog. Erkrankungen mittels ausgleichender Farbschwingung therapiert.
Er wurde angehalten über seine Krankheit nachzudenken und die eigentlichen Ursachen, wie negative Gedanken oder triebhafte Leidenschaften, auszumerzen.
Die alten Indischen Weisen ordneten jeder Farbe symbolhafte Wesenheiten zu, die einer bestimmten Hierarchie angehören sollten.
Diesen unsichtbaren Wesen, wurden und werden, heilende Kräfte zugesprochen. Man muß sich dies vorstellen als ob durch jede Farbe

eine bestimmte Heilschwingung durch kleine, dem Ton der Farbe entsprechenden Lichtblitze oder Flammen, ausgestrahlt werden. Wenn das der Fall ist, wenn das die Wahrheit ist, so würde bei jeder Bestrahlung durch Licht dem Körper und den höheren Prinzipien, Energie, Ruhe und ausgleichende Harmonie zugeführt.

Plato (427 – 347 v. Chr.) bestätigte in seinen Urdialogen vom Wahren, Schönen und Guten die Heilwirkung des Lichtes.

Laotse (ca. 300 v. Chr.) der chin. Philosoph betonte die siebenfältige, schöpferische Natur, wobei er das Licht mit seinen 7 Farben als Ausdruck der göttlichen Urkraft verstand.

Im Laufe der Jahrtausende, mit Zunahme des Verstandes und Intellektes, geriet die Farbtherapie langsam aber sicher in Vergessenheit.

Selbst J.W.v. Goethe, der 1810 sein Monumentalwerk über die Farbenlehre herausbrachte (nach eigener Aussage sein elementarstes, und wichtigstes Werk), konnte zur damaligen Zeit die Farbtherapie nicht Hof fähig machen. Für Goethe war es nicht gleich, welche Farben die Menschen trugen oder wie die Zimmer gestrichen waren. Denn er selber wußte, daß Farben nicht nur physische sondern auch tiefe psycholg. Wirkungen zeitigen. Er sprach von dem inneren Aufnehmen der Farben. Durch geistige Führung wurde Goethe zum Wissenden, der tief in die geistige Symbolik des Lichts eindrang.

So sind nun die Jahre dahin gegangen und nur eine kleine Schar von Eingeweihten hütete die Lehre der Farben und gab die Geheimnisse mündlich an ihre Schüler weiter.
Neben vielen Forschern, die beherzt nach dem Schlüssel suchten, waren es gerade die neuzeitlichen Pioniere die es ermöglichten die Chromotherapie wieder in den Blickpunkt der Öffentlichkeit zu rücken.
Denken Sie bitte nur an Babitt, Steiner, Ghadiali und Sciascia.

Doch leider stößt die Heilkraft der Farben bei Ärzten, Krankenhäuser, Krankenkassen und den Politikern auf wenig Interesse.
Das Gesundheitswesen könnte viele Milliarden DM an Arzneimittelkosten einsparen. Teure und sinnlose Therapieverfahren mit erheblichen Nebenwirkungen und nachfolgenden Medikamentenschäden wären nicht mehr notwendig. Man denke nur an die Folgen von langer Arbeitslosigkeit im Krankheitsfall.

Wieviele Menschen könnte man mit Farben nebenwirkungsfrei heilen.

Ein sehr weiser Mensch, der Arzt und Komobiologe Dr. Ernst Möller (1899 – 1978), widmete sich in den frühen 60-ziger Jahren neben seinem reichhaltigen Dienst an der Menschheit, der Wiederverbreitung der Farbheilkunde. Neben der Linderung und Heilung von akuten und chron. Erkrankungen waren es insbesondere die **seelisch- geistigen** Wirkungen der Farben, die er in hervorragender Weise nutzte.

Er selbst entwickelte eine Farbheillampe, mit der sich die Patienten überall und jederzeit selbst bestrahlen konnten. In einem speziellen Lampenschirm wurden 25cm große Farbfilterscheiben eingelegt und von einer starken Lichtquelle beleuchtet. Die Heilerfolge waren und sind bis heute sensationell. Aus allen Teilen Deutschlands strömten die Menschen zu Herrn Dr. Möller. Noch heute klingen seine Heilerfolge wie wahre Wunder. Er selbst lehnte jeden Ruhm oder Ehre in vollkommener
Bescheidenheit ab. Materieller Wohlstand und Reichtum wäre durch industrielle Fertigung und Vermarktung seiner Farbheillampe durchaus möglich gewesen. Doch lehnte er es ab diese natürliche Heilweise zu vermarkten, wie dies heute geschieht, denn 3000,- -15.000,- DM für

Computer gesteuerte Farblampen sind heute leider keine Seltenheit und bestätigen den kommerziellen Trend.

An den Grundsätzen und Statuten von Herrn Dr. Müller, sowie an seinen Farbheillampen hat sich bis heute nichts verändert. Nur der Lampenschirm wurde modernisiert und den heutigen Gegebenheiten angepaßt.
Die Farbfilter wurden in den letzten 40 Jahren ständig vervollkommnet.
Die Wirkung ist für jedermann sofort spürbar.
Da Herr Dr. Möller es für notwendig erachtete, daß jeder Mensch sich eine Farbheillampe zulegen und auch leisten kann, stagnieren die Preise trotz gestiegener Herstellungskosten.

Kapitel 2

Wellenlänge und Schwingungen

Wellenlänge und Schwingungen

Kosmische Strahlen	Gamma Strahlen	Röntgen Strahlen	Ultraviolett Strahlen	Sichtb. Licht Strahlen	Hochfrequenz Strahlen Fernsehen	Niederfrequenz Strahlen Ton

Die sichtbaren Spektralfarben

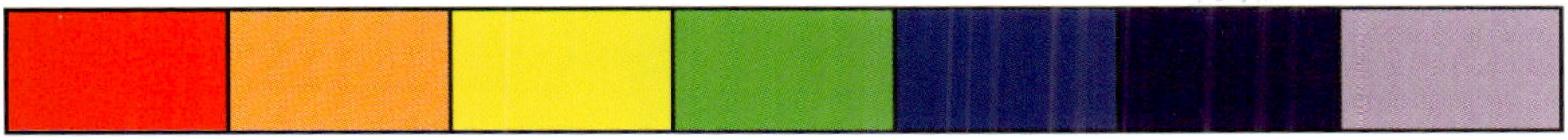

Das Licht sendet Energien und Strahlungen aus, die jenseits unserer Vorstellungen liegen. Unserer modernen Wissenschaft gelang es aber der Natur einige Geheimnisse abzuringen und uns ein kleines, begrenztes Wissen zu offenbaren. Trotzdem steckt die Forschung noch in den Kinderschuhen. Die sichtbaren Farben sind der kleinste Aspekt der Erscheinung des Lichtes.
Wenn man einen Sonnenstrahl mit Hilfe eines Prismas bricht erhält man, wie wir alle wissen, 7 Spektralfarben. Von diesen sind Rot, Gelb und Blau die Hauptfarben. Aus diesen 3 Grundfarben lassen sich Millionen Farbnuancen herstellen. Aufgrund unseres beschränkten Sehsinnes können die Rezeptoren unserer Netzhaut nur begrenzte Wellenbereiche wahrnehmen.
Licht ist **eine** Schwingung des Äthers die sich mit der unglaublichen Geschwindigkeit von 300.000 km/sek. bewegt.
Infrarote und ultraviolette Strahlungen sind für uns unsichtbar und können nur durch spezielle Apparate erkenntlich gemacht werden.
Es ist sehr schade, daß wir in unserer jetzigen Epoche nur einen winzigen Teil der farblichen Vielfalt erkennen können. Denn in Wahrheit ist jede Farbe in 7 x 7 Stufen unterteilt, wovon wir Menschen nur die letzte Stufe als physische Farbschwingung sehen können.

Trotzdem zeitigen die unseren Sinnen nicht wahrnehmbaren Kräfte ihre Wirkungen.
Denken Sie bitte an die verschiedenen Aggregatzustände des Wassers. Je nach Einwirkung von Hitze oder Kälte nehmen wir 3 Zustände wahr, den festen als Eis, den flüssigen als Wasser, den gasförmigen als Dampf. Es gibt aber noch weitere Aggregatzustände.

Die Farbe **VIOLETT**
schwingt in einem Wellenbereich von ca. 406 – 439 n.M.
Das entspricht ungefähr 709 Millionen Schwingungen pro Sekunde.
Die Wellenlänge 423 n.M. ergibt eine sehr günstige Heilfarbe.

Die Farbe **INDIGO**
schwingt in einem Wellenbereich von ca.439 – 459 n.M.
Das entspricht ungefähr 666 Millionen Schwingungen pro Sekunde.
Die Wellenlänge 449 n. M. ergibt eine sehr günstige Heilfarbe.

Die Farbe **BLAU**
schwingt in einem Wellenbereich von ca. 459 – 492 n. m.
Das entspricht ungefähr 631 Millionen Schwingungen pro Sekunde.
Die Wellenlänge 479 n. M. ergibt eine sehr günstige Heilfarbe.

Die Farbe **GRÜN**
schwingt in einem Wellenbereich von ca. 492 – 532 n. m.
Das entspricht ungefähr 586 Millionen Schwingungen pro Sekunde.
Die Wellenlänge 512 n.M. ergibt eine sehr günstige Heilfarbe.

Die Farbe **GELB**
schwingt in einem Wellenbereich von ca. 532 – 571 n.M.
Das entspricht ungefähr 544 Millionen Schwingungen pro Sekunde.
Die Wellenlänge 551 n.M. ergibt eine sehr günstige Heilfarbe.

Die Farbe **ORANGE**
schwingt in einem Wellenbereich von ca. 571 – 596 n.M.
Das entspricht ungefähr 514 Millionen Schwingungen pro Sekunde.
Die Wellenlänge 583 n.M. ergibt eine sehr günstige Heilfarbe.

Die Farbe **ROT**
schwingt in einem Wellenbereich von ca. 596 – 620 n. m.
Das entspricht ungefähr 484 Millionen Schwingungen pro Sekunde.
Die Wellenlänge 620 n.M. ergibt eine sehr günstige Heilfarbe.

Wir stellen also fest, daß die Farbe mit der längsten Wellenlänge am langsamsten schwingt, d. h., daß die Durchdringtiefe von Rot am größten ist, wogegen Blau etwas mehr oberflächlich wirkt.

Die Wahl der Farben hängt von dem jeweiligen Bedarf ab. Es muß ein Gleichklang erreicht werden.
Wenn Sie einen guten Bekannten oder Freund anrufen wollen, müssen Sie die richtige Vorwahl und Rufnummer wählen. Haben Sie sich verwählt, werden Sie Ihren Freund nicht erreichen.
Soll in einem Krankenhaus ein Arzt "angepiept" werden, muß die Zentrale die genaue Code-Nummer eingeben, da sonst das Gerät nicht aktiviert wird. Nur die richtig ausgelöste Zahlenkombination gewährleistet den gewünschten Erfolg.
Genau so verhält es sich mit den verschiedenen Farben.
Bei richtiger Farbenwahl, **muß** umgehend eine Reaktion bzw. Wirkung eintreten! Ich selber erlebe jeden Tag die wunderbare Heilwirkung der Farben in meiner Praxis. Es ist ein beglückendes Gefühl Schmerzen zu lindern und Krankheiten auszuheilen.

Einige Zahnärzte bestrahlen inzwischen ihre Patienten intensiv mit blau vor dem ärztlichen Eingriff. Die Erfahrung zeigt, daß die Behandlung deutlich weniger Schmerzen, Blutungen und Entzündungen verursacht.

Dies wird durch die Nervenentspannung und die Blutleere in den betroffenen Bezirk erreicht.

In anthroposophischen Kliniken werden Patienten, die an Depressionen leiden, in orange gehaltenen Räumen therapiert. Die Gardinen, die Möbel und Nachthemden sind alle hellorange. Die Kranken genesen in unvorstellbar kurzer Zeit.

Stellen Sie sich bitte einmal vor, in Ihrem Büro oder Betrieb würden harmonische Farben vorhanden sein. Die Lampen und Lichtquellen strahlten eine angenehme Schwingung aus. Mit wieviel mehr Freude und gesteigerter Leistungsfähigkeit würden Sie Ihrer Arbeit nachkommen.

Das chinesische Feng-Shui verfolgt diese Richtung der behaglichen, harmonischen Umgebung. Sportler sollten vor jedem Wettkampf insbesondere die benötigte Muskulatur mit rot bestrahlen, um dynamisch, ausdauernd und kraftvoll zu siegen. Die Verletzungsanfälligkeit durch Überlastung wird minimiert. Wählen Sie ein rotes Dress oder Trikot.

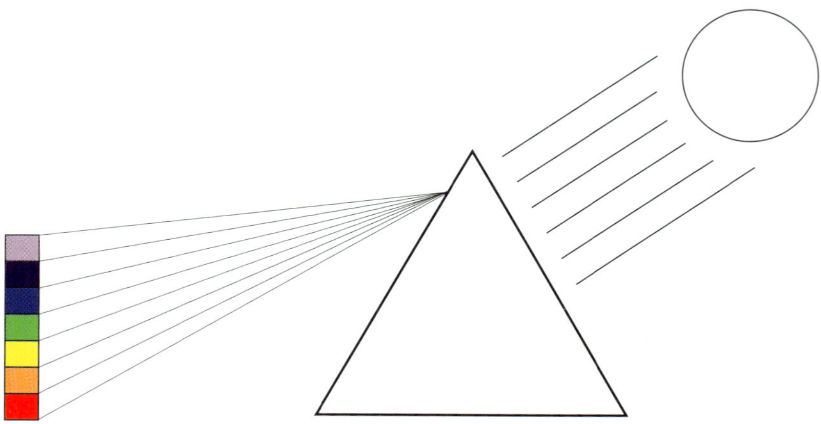

Komplementärfarben

Zwei Farben, die in einem bestimmten Verhältnis zueinander gemischt werden, heben sich auf und ergeben weiß. Komplementärfarben sind: Rot zu Grün, Orange zu Blau, Gelb zu Violett.

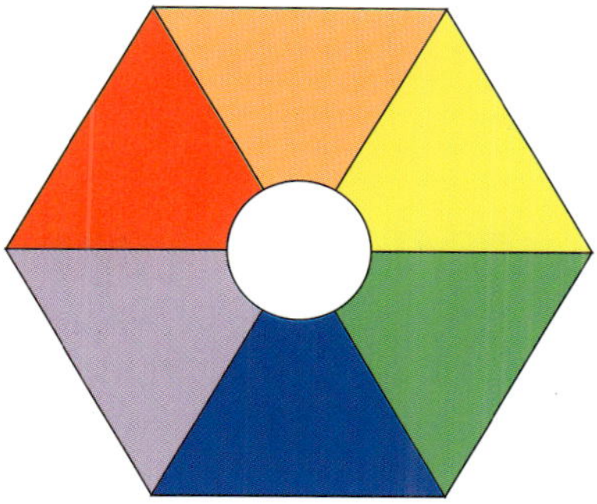

Da sich in reinem weißen Licht die Farben absorbieren und dadurch zum Teil aufheben, sind die Heillampen mit Vollspektrumlicht nicht unbedingt zu empfehlen und für die gekonnte Farbtherapie nicht geeignet.

Ein kleines Experiment mit Rot

Wenn Sie den roten Kreis 15 bis 20 Sekunden mit Ihren Augen konzentriert fixieren und dann in den unteren Kreis schauen, erhalten Sie die Komplementärfarbe von rot.

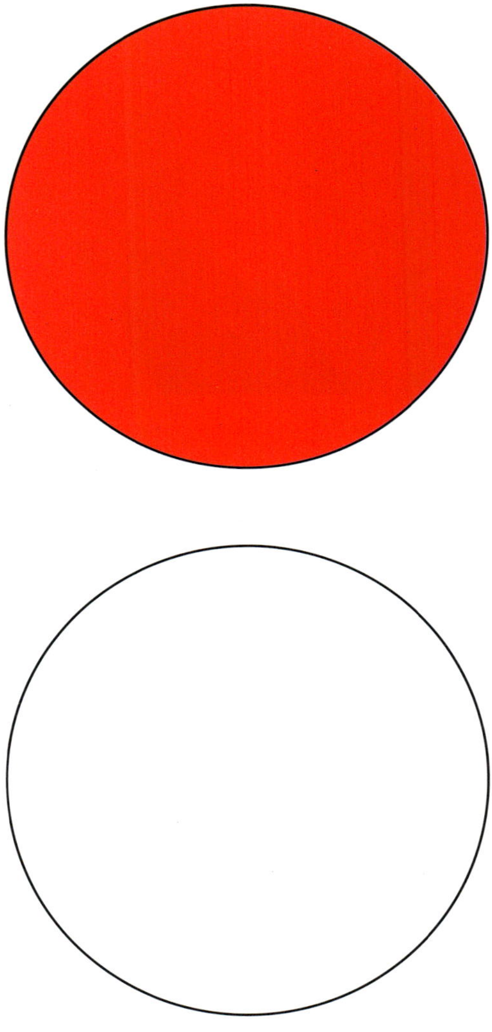

Kapitel 3

Symbolik der Farben

Heraklit hat Recht wenn er intuitiv sagt: "Panta rhei" (**alles fließt**). Alles im Kosmos unterliegt einem Rhythmus und einer Periodizität. Tätigkeit wechselt mit Ruhe, wachen mit schlafen, Freude mit Leid, Licht mit Schatten und Gewinn folgt dem Verlust. Auch in unserem Weltall gibt es Phasen der Tätigkeit und der Ruhe. Es heißt der Mensch sei die Krönung der Schöpfung . Aber wir Menschen streben nach einer äußerlichen Vervollkommnung, d. h. nach materiellen Dingen und vergessen dabei unsere Seele. Das ist der eigentliche Grund für die Krankheit. Wären wir ständig gelassen und ruhig, würden wir Liebe ausstrahlen und Harmonie, könnten wir **nicht** krank werden.
Die Krankheit ist ein Zeichen, ein Symbol dafür, daß wir gegen geistige Gesetze verstoßen haben und wir den Tribut dafür bezahlen müssen.
Mit Hilfe der Farben können wir die Harmonie wieder herstellen.
Zu allen Zeiten benötigte der Mensch Gleichnisse und Umschreibungen um höherstehende Kräfte zu begreifen.
Die alten Zivilisationen versahen die kosmischen Wesenheiten und Strahlen mit tiefsinnigen Symbolen.

Die Griechen ordneten den einzelnen Göttern nicht nur Planeten und charakt. Eigenschaften zu, sondern jede Wesenheit symbolisiert auch eine äußere (exoterische) und eine innere (esoterische) Farbe.

So symbolisiert:

Jupiterdie Farbe	**blau**
Merkurdie Farbe	**gelb**
Venusdie Farbe	**indigo**
Marsdie Farbe	**rot**
Saturndie Farbe	**grün**
Sonnedie Farbe	**orange**
Monddie Farbe	**violett**

Die Astrologen ordnen nicht nur den Planeten sondern auch den Sternzeichen Eigenschaften und Farben zu.

Rot	entspricht dem Widder.
Orange	entspricht dem Löwen.
Gelb	entspricht dem Stier und der Waage.
Grün	entspricht dem Krebs.
Blau	entspricht dem Schützen.
Indigo	entspricht dem Steinbock.
Violett	entspricht der Jungfrau und dem Zwilling.

Symbole

Aus vorzeitlichen Berichten geht hervor, daß auch Eigenschaften, Töne, Mineralien, Zahlen, Edelsteine, Vokale und Elemente mit Farben verknüpft werden können.

Farbe	Eigenschaft	Ton	Zahl	Edelstein
Rot	Wille u. Macht	Do	1	Rubin
Blau	Liebe u. Weisheit	Sol	5	Hyazinth
Gelb	Aktive Intelligenz	Mi	3	Granat
Orange	Harmonie u. Schönheit	Re	2	Diamant
Grün	Konkretes Wissen	Fa	4	Türkis
Violett	Idealismus u. Hingabe	Si	7	Beryll
Indigo	Zeremonie u. Ritus	La	6	Saphir

Metalle lassen sich ebenfalls zuordnen.

Silber	entspricht	**violett**
Quecksilber	entspricht	**gelb**
Kupfer	entspricht	**rot**
Gold	entspricht	**orange**
Zinn	entspricht	**blau**
Blei	entspricht	**indigo**
Eisen	entspricht	**rot**

Sie können also mit farbigen Kleidungsstücken und Edelsteinen harmonisierend und ausgleichend auf Ihre Stimmungslage einwirken.
Unterbewußt greifen Sie mit Sicherheit nach der Farbe die Sie benötigen.
Ihr Gefühl sagt Ihnen dann: “Das ist **deine** Lieblingssfarbe”.
Ist es nicht **auffällig**, daß man immer zu den selben Farben greift und andere Farben meidet?

Ein kleines Experiment mit Orange

Wenn Sie den orangen Kreis 15 bis 20 Sekunden mit Ihren Augen konzentriert fixieren und dann in den unteren Kreis schauen, erhalten Sie die Komplementärfarbe von orange.

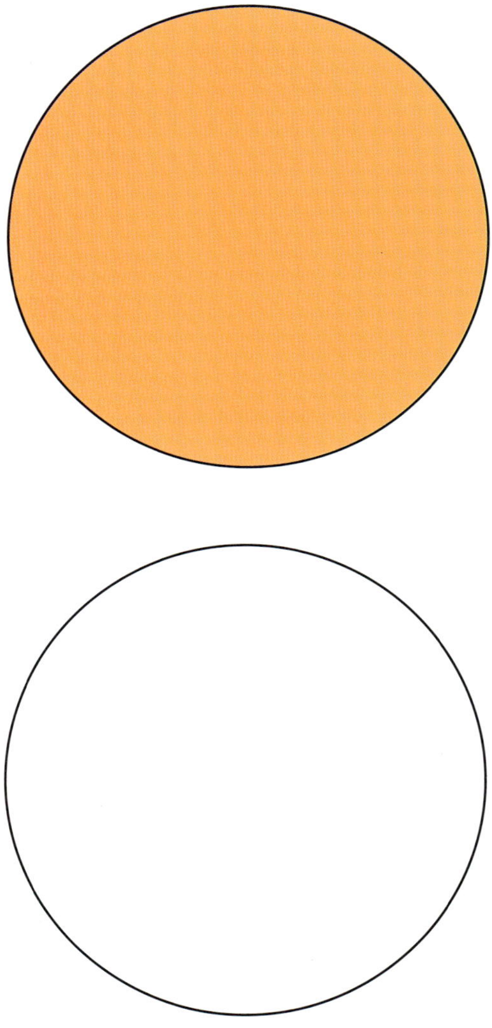

Kapitel 4

Wirkungen der Farben

Farben wirken auf verschiedenen Ebenen und haben physische, chemische, psychologische und geistige Wirkungen.
Man unterscheidet tonische (heiße, öffnende, aktive) und atonische (kalte, zusammenziehende, passive) Farben.

Tonische Farben :	**Rot, Orange, Gelb**
Atonische Farben :	**Blau, Indigo, Violett**
Neutrale Farbe :	**Grün**

Die Wirkung der Farbheillampe basiert auf folgender Hypothese:
ALLES im Kosmos ist Schwingung. Jedes Atom, jede Zelle schwingt in einem bestimmten Rhythmus.

Nehmen wir ein Organ z.B. die Leber. Wird diese große Drüse infolge Sklerose, mangelnder Durchblutung, Cholestase, Steinbildung, Medikamente, Alkohol usw. geschädigt und die Schwingung des Organs verändert, so tritt eine Disharmonie ein. Man könnte sagen der Schwingungsgrad verlangsamt sich.

Das Gegenteil, eine zu hohe Schwingung, bedeuten Entzündung, Schwellung und Tumorbildung.
Wird die Leber jetzt mit bestimmten Farben bestrahlt, die dem Schwingungsmuster der gesunden Leber entsprechen, verändert sich die Aktivität der Leberzellen und es werden sich Harmonie und Gleichgewicht einstellen. Der physische Körper folgt dem höheren Rhythmus.

Falsche Einstellungen, Sorgen, Kummer, Leid und Überforderung der Vitalkräfte erzeugen Disharmonie. Aus dieser Energieverarmung und Stauung entstehen die Krankheiten. Jede einzelne verändert dadurch ihre Eigenschwingung und erfährt somit eine Unter- oder Überfunktion. Es geht im Prinzip beim Heilen mit Farben um den **Ausgleich** von Schwingungen.
Nehmen wir zum Beispiel eine Verbrennung. Durch die thermische Einwirkung von Hitze wird nicht nur das physische Gewebe verletzt,

sondern auch das feinstoffliche, uns nicht sichtbare Fluid. Die Schwingung wird derart erhöht, daß mit stärkerer und längerer Einwirkung der betroffene Bereich zerstört wird. Um dies zu verhindern kühlen Sie lange mit kaltem Wasser. Intuitiv gleichen Sie Hitze mit Kälte aus um die normale Schwingung wieder herzustellen.
Bei niedrigem Blutdruck trinken Sie Kaffee um in Schwung zu kommen.
Wenn Sie hart gearbeitet und stark geschwitzt haben wird der Körper Durst entwickeln um den Flüssigkeitshaushalt auszugleichen.
Sie haben sich geschnitten. Was passiert?. Der Organismus leitet einen Selbstheilungsmechanismus ein um nach der Blutung die Wunde zu schließen und in kurzer Zeit heilen zu lassen. Der Körper ist ein Teil der Natur, der automatisch, selbsterhaltend und ausgleichend reagiert.
Auch Ihr vegetatives Nervensystem kann nur im Gleichklang reibungslos funktionieren.
Nach schwerem Essen werden Sie müde, weil das Blut aus der Peripherie in das Bauchgebiet strömt, um der Verdauung dienlich zu sein. Beim Treppensteigen oder Joggen wird der Regulationsmechanismus das Blut in die Muskulatur leiten um die geforderten Leistungen zu ermöglichen. Ist durch Alter und Krankheit dieser Ausgleich nicht mehr möglich wird es notwendig Medikamente einzunehmen.

Sie haben die Möglichkeit mit Farben tief regulierend einzugreifen.

Es gibt auch noch andere Hilfsmittel die unterstützend wirken. So können Sie mit Tönen, Vokalen, farblich ätherischen Düften, Musik, Edelsteinen und Mineralien Harmonie herstellen.

Aber die stärkste Heilkraft ist die der Farben, weil sie die seelisch - geistigen Kräfte aktiviert und durch Regulation der Energien die physische Erkrankung beseitigt. Natürlich ist eine Änderung der **Lebensweise** und und **Einstellung** notwendig.

Kapitel 5

Farbheillampen

Farbheillampen nach Dr. med. Ernst Möller

Prinzipiell ist es möglich sich selber eine Farbheillampe herzustellen. Es muß jedoch darauf geachtet werden, daß man eine Lichtquelle bevorzugt die eine Lichtleistung von 100 Watt erreicht und eine Streuung von ca. 70 bis 80 ° Breite besitzt.
Bei den Glasscheiben oder Folien die verwendet werden sollen sind helle, lichte Farben zu bevorzugen.
Achten Sie bitte darauf, daß die Strahler eine starke Temperatur entwickeln und geschlossene Lampenschirme mit Luftlöchern versehen werden, damit die heiße Luft entweichen kann.

Es gibt in Deutschland eine Anzahl von Farblampenherstellern, die eine breite Palette von Modellen anbieten.
Von einfachen Punktstrahlern bis zu computergesteuerten Lichtkanonen, zum Preis von ca. 15.000 DM, ist alles erhältlich.
Doch was hier teuer angeboten wird, ist nicht immer gut und erfüllt selten die Erwartungen.

Die von Herrn Dr. med. Ernst Möller vor 40 Jahren entwickelten und ständig verbesserten Farbheillampen sind in ihrer Heilwirkung unschlagbar. Die Heilerfolge **waren** und **sind** sensationell.

Diese Farbheillampe wird mit einem Farbfiltersatz bestehend aus den Farben rot, orange, gelb, grün und blau geliefert. Diese fünf hitzebeständigen Farbscheiben sind in der Wellenlänge und Transmission so exakt abgestimmt, daß sie unserem Sonnenlicht entsprechen.
Dies ist wohl das Geheimnis der **phänomenalen** Heilkraft dieser Farblampe. Eine umfassende Gebrauchsanleitung und Indikationsliste macht es möglich sich überall und jederzeit selbständig **nebenwirkungsfrei** zu behandeln.

Akute Erkrankungen lassen sich durch die Farbbestrahlung sofort beeinflussen. Chron. Erkrankungen bedürfen längerer, intensiver Bestrahlung, aber der Erfolg wird sich einstellen.

Farbheillampe Typ Isabell

Farbfilter blau

Wie bei allen naturheilkundlichen Behandlungen muß der Patient in der Regel seine innere Einstellung und seine Ernährung umstellen.
Bewährte Heilmittel wie die Regenaplexe, Präparate der Firma Heel und Horvi sind zu bevorzugen.
Es gibt keine Erkrankung bei der die Farbtherapie nicht zumindest Linderung bringt.
Natürlich gibt es immer Patienten die schicksalsbedingt nicht heilbar sind, aber selbst bei schwersten Systemerkrankungen die nur noch palliativ behandelt werden, erleichtert die Farbheillampe die jeweiligen Zustände.
Bei sonstigen Erkrankungen wird sich bei intensiver und ausdauernder Anwendung der Erfolg einstellen.
Die Anwendung der Farbheillampe ist vollkommen nebenwirkungsfrei, und auch bei lebenslangem Gebrauch absolut unschädlich.

Gebrauchsanleitung

Farbheillampe Typ Isabell /Manuel

nach Dr. med. Psychotherapeut und Kosmobiologe
ERNST MÖLLER

Die Farbenwahl

In der nachfolgenden Indikationsliste finden Sie eine große Anzahl Krankheiten alphabetisch angeordnet mit der entsprechenden Farbangabe. Sind zwei oder mehr Farben angegeben, so werden diese im Wechsel nacheinander angewandt. Der zu bestrahlende Körperteil wird während der Bestrahlung **immer entkleidet**.

Farbheillampe Typ Isabell Standard

Farbfilter grün

Eine **intensivere Wirkung** erhalten Sie bei Einlegen von jeweils zwei Filtern der gleichen Farbe. Es wird von Dr. Möller empfohlen, wenn möglich, während der Bestrahlung in die Farbheillampe hineinzuschauen.

Man unterscheidet heiße Farben, wie : **rot**, **gelb**, **orange**, die z.B. die Blutgefäße erweitern, während kühle Farben, wie : **blau**, **indigo**, **violett**, die Gefäße zusammenziehen. **Grün** ist mehr neutral.
Der *Abstand* zur Heillampe sollte in der Regel 40-60 cm betragen; denn **nicht** die Wärme des Strahlers, sondern die *Farbe* soll die Heilung bewirken. Nur in Fällen in denen die Wärme als angenehm empfunden wird, wie z.B. bei Rheuma oder Arthritis, kann ein kürzerer Abstand gewählt werden.

Die Farben sind auch bei Daueranwendung **vollkommen unschädlich** und für **jedes** Alter geeignet.

NEBENWIRKUNGEN GIBT ES NICHT !

Nach 16.00 Uhr bitte keine heißen Farben anwenden. Einzige Ausnahme: wenn vom Arzt oder Heilpraktiker ausdrücklich verordnet.
Nachträglich sollte dann wegen der starken Aktivierung eine neutrale oder kalte Farbe zur Anwendung kommen.

Bestrahlungszeiten

In der Indikationsliste werden die entsprechenden Bestrahlungszeiten angegeben, z.B. " Blasenentzündung": Als 1. wird die Farbe **blau** eingelegt und 10 Minuten bestrahlt. Danach folgt als 2. Farbe **lichtgrün** (**gelb und grün**) ebenfalls 10 Minuten. Das Ganze wird dann noch 2 x am gleichen Tag wiederholt.

Farbheillampe Typ Manuel Standard

Farbfilter orange

Es besteht auch die Möglichkeit sich anstelle der 3x 10 Minuten, jeweils 1x 30 Minuten oder 2x15 Minuten pro Farbe zu bestrahlen. Dies sind

Mindestbestrahlzeiten.

Sie sollten sich nach Möglichkeit so oft und so lange wie möglich bestrahlen. DER ERFOLG WIRD SICH EINSTELLEN. Selbstverständlich können Sie auch Tiere und Pflanzen bestrahlen.
Die Farbheillampe **Typ ISABELL** ist mit fünf Farbfiltern **rot**, **gelb**, **orange**, **grün** und **blau** ausgestattet. **Violett**, **rosa** und **hellblau** gehören nicht zur Grundausstattung; können aber auf Bestellung geliefert werden.

Die Farbheillampe kann auch Krankheiten lindern bzw. heilen, die **nicht** in der Liste aufgeführt sind.

Nachfragen bitte jederzeit an: Heilpraktiker
Mario Campana
Wildkoppelweg 27
23738 Lensahn
Tel. 0 43 63/23 45
Fax. 0 43 63/40 96

Farbheillampe Typ Manuel

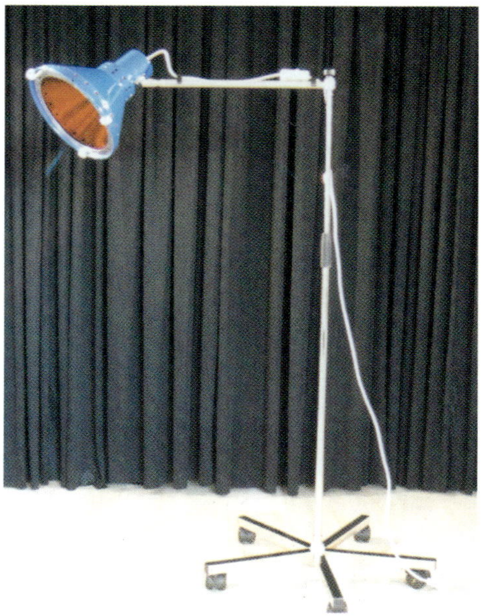

Farbfilter rot

Kapitel 6

Krankheiten und Farben

Wir kommen nun zu einem der wichtigsten Kapitel dieses Buches.

Wir befinden uns in einer permanenten, unbewußten Spannung von Geist, Seele und Körper und haben verlernt uns zu entspannen. Obgleich die Tageseindrücke noch nicht verarbeitet wurden, die Vitalkraft bis zum Äußersten, ja oft bis zur physischen Erschöpfung angespannt und verbraucht wurde, wird die **sogenannte** Entspannung durch neue Eindrücke und Spannungen ersetzt, seien es Fernsehen, Vergnügungen oder andere Freizeitbeschäftigungen. Müde und zerschlagen erhebt man sich des Morgens um weiter Raubbau an seinen Vitalkräften zu treiben. Ferien und Urlaub werden dazu benutzt um neue Eindrücke zu sammeln. Die Sinne kommen nicht mehr zur Ruhe. Verblassen die neuen Eindrücke der Urlaubszeit, was nach kurzer Zeit geschieht, so fühlt man die Erschöpfung in verstärktem Maße. Nun beginnt das Spiel von vorne. Man ersehnt den schnellen Ablauf der Zeit, um den nächste Urlaub antreten zu können. Der Alltagsablauf sieht dann so aus. Arbeiten – endlich ist Arbeitsschluß, man kann sich nun **entspannen**, das heißt, Abwechslung suchen:
Fernsehen, Vergnügungen, Zerstreuung aller Art, also neue SPANNUNGEN. Und endlich quält man sich in einen mühseligen Schlaf, um den nächsten Tagesablauf auf dieselbe Art hinter sich zu bringen, bis man soweit ist, ständig Arzt und Apotheken aufzusuchen um neue langwierige Erkrankungen einzutauschen. SPANNUNG verbraucht ENERGIE. Übermäßige Spannung zehrt an unserer Vitalkraft.
Wir müssen uns bewußt werden, daß die sogenannten mittleren oder älteren Jahre ganz und gar nicht verminderte Gesundheit und Lebenskraft bedeuten müssen. Leider ist das bei den meisten Menschen von 40 Jahren aufwärts tatsächlich der Fall. Aber das muß nicht so sein.
Mit 50 Jahren verbraucht zu sein ist keineswegs unvermeidbar, und sicher nicht natürlich. Das der Vorgang des Alterns für gewöhnlich so früh beginnt, daran ist einzig und allein die menschliche Torheit schuld. Durch übermäßiges Essen leidet der Mensch wahrscheinlich schon an Verstopfung. Durch körperliche Untätigkeit, und der daraus resultierenden zunehmenden Starrheit der Wirbelsäule, hat der Körper an Elastizität

verloren. Er wird steif und das Alter beginnt die schwere Hand auf seine Schulter zu legen. Die Glieder haben die frühere Gelenkigkeit verloren. Der Mensch beginnt zu fühlen, daß er alt wird. Andere Alterserscheinungen zeigen sich in der gefurchten Stirn und der gebeugten Haltung, dem schwindenden Haarwuchs und der sich bildenden Körperfülle.
Rechte Einstellung zu allen Dingen, Entspannungsübungen, Mäßigkeit in allen Dingen und natürlich die Farben können diesen erbarmungslosen Prozeß aufhalten.

Denn unser Leben soll voll Harmonie, innerer Zufriedenheit, voll innerer Ruhe und Gelassenheit, voller schöpferischer Kraft und Gesundheit, sein.

Bei der Behandlung der Krankheiten möchte ich nun die einzelnen Farben erläutern.

rot

orange

gelb

grün

blau

indigo

violett

Rot

Die Farbe mit der längsten Wellenlänge ist eine der Grundfarben unserer irdischen Welt.
Sie ist die 1. tonische Farbe unseres Spektrums und steht für Wärme, Expansion, Aktivität und Kampf. Es ist die Farbe der Massenbewegungen. Viele Vereinigungen und Länder, insbesondere die Großmächte, zieren ihre Flaggen und Wappen mit Rot. Rot verleiht Energie und Dynamik. Rot ist Hitze und Feuer. Es gibt keinen Alarmknopf oder Warnhinweis, der nicht rot ist. Alle Feuerwehren und Rettungsdienste benötigen die Farbe rot. Es ist die Signalfarbe schlechthin. Sie werden kein Warnschild oder Gefahrenzeichen finden in dem rot nicht die dominierende Stellung einnimmt. Ein roter Sportwagen wird Ihnen deutlich machen, daß Sie auf die rechte Fahrspur wechseln müssen. Sehen Sie eine große Blutung wird Ihnen schlagartig die Gefahr bewußt.
Will man bei einem Menschen den Willen aktivieren, empfiehlt sich die Bestrahlung mit rot.
Im negativen Aspekt macht rot leidenschaftlich und fördert Begierden. Menschen, die leicht erregbar und sehr leidenschaftlich sind, sollten rot meiden.
Rot ist nützlich bei Verspannungen, Abmagerung, Arteriosklerose, nicht entzündliche Hautleiden, Asthma, Anämie, Flechten, Gicht, Grauer Star, Grippe, Haarausfall, Nervenlähmung, Rachitis, Keuchhusten, Multiple Sklerose, Schnupfen, Zirkulationsstörungen, Masern und Scharlach (Kinderkrankheiten).
Ganz besonders günstig lassen sich Herzrhythmusstörungen und Arteriosklerose der Herzkranzgefäße beeinflussen. Der Blutdruck läßt sich durch rot spielend erhöhen, so daß Schwindel und Kopfdruck weichen. Mit rot läßt sich die Geburt einleiten.
Weitere Therapiemöglichkeiten mit Rot entnehmen Sie bitte der Indikationsliste.

Man erleichtert Menschen die sehr erdgebunden und materialistisch sind, den Sterbevorgang und den Loslösungsprozeß, in dem man sie mit dem Kopf nach oben lagert und den Solar Plexus (Sonnengeflecht) mit rot bestrahlt.

Orange

Orange ist die 2. tonische Farbe unseres Spektrums und symbolisiert die Schönheit und Harmonie. Sie ist Heiterkeit, Frohsinn und Freude. Die geballte geistige Lebenskraft in Form der Vitalität offenbart sich durch diese wunderbare Farbe.
Orange zerstört alle negative, unbrauchbare Gefühls- und Gedankenformen und verbessert somit alle Gemütszustände.
Die alten Buddhisten wußten genau warum sie die jungen Priester in orange gefärbte Gewänder hüllten. Durch die orange Schwingung soll dem Schüler die Umwandlung seiner Persönlichkeit erleichtert werden. Dies hat sich bis heute nicht verändert.
Die Sonne strahlt ohne Unterlaß ihre lebensspendende und erhaltende Energie aus. Wenn man orangefarbene Früchte sieht, erkennt man, daß diese besonders viel Energie aufgenommen haben.
Im negativen Aspekt bedeutet Orange Stolz, Herrschsucht, Eitelkeit und Ehrgeiz.
Depressionen, Trübsinn, Unzufriedenheit, Unlust zu Tätigkeiten, Alpträume und andere Gemütsleiden weichen, wenn wir uns mit orange umgeben und bestrahlen.
Unser Herz reagiert unglaublich auf diese Farbe. Insbesondere chronische Herzleiden mit Atemnot lassen sich vorzüglich mit orange behandeln. Selbst Patienten mit durchlebten Herzinfarkt spüren sofort die befreiende Wirkung dieser Heilfarbe.
Weitere Therapiemöglichkeiten mit Orange entnehmen Sie bitte der Indikationsliste.

Man erleichtert sehr weit fortgeschrittenen und geistig hochstehenden Menschen den Sterbevorgang und Loslösungsprozeß, in dem man sie mit dem Kopf nach oben lagert und diesen mit orange bestrahlt.

Gelb

Gelb ist die 3. tonische Farbe unseres Spektrums und ist ein Zeichen für die menschliche Seele. Gelb symbolisiert das klare, ungetrübte Denken, den vergeistigten Intellekt. Wer diese Farbe erreicht, dient selbstlos allen Wesen, gleich der Sonne die alle erhält und grenzenlos ihren Segen ausschüttet ohne etwas dafür zu verlangen. Diese Hauptfarbe kommt der geistigen Kraft am nächsten.

Es ist eine Farbe die die Gedankenkraft beeinflußt und eignet sich vorzüglich zur Aktivierung der Denktätigkeit. Gelb dringt tief bis in den Kern hinein. Kinder die Konzentrationsprobleme und Schulschwierigkeiten haben, verbessern ihre Anlagen bei täglicher Bestrahlung mit gelb (Hinterkopf) in der Regel in wenigen Wochen.

Im negativen Aspekt bedeutet eine schmutzig, gelbe Ausstrahlung Kritiksucht, Geltungsdrang und Fanatismus

Alle Drüsen, die Lymphe und Schleimhäute reagieren prompt auf Gelb. Das Hauptorgan für gelb ist allerdings die Milz. Die Eintrittspforte der Vitalität reguliert die Kräfteströme.

Bandscheibenschäden, Bronchialkatarrh, Milzleiden, Ermüdung, Leberleiden, Nierenerkrankungen, Darmleiden, Sehfehler, Lymphschwäche, Bildung von Abwehrzellen und Verstopfungen finden mit gelb Linderung und Heilung.

Weitere Therapiemöglichkeiten mit Gelb entnehmen Sie bitte der Indikationsliste.

Grün

Grün ist die Farbe der Mitte. Nichts ist neutraler als diese wunderbare Schwingung. Merkurius, der geflügelte Götterbote, wird von vielen Künstlern grün dargestellt. Er soll der Vermittler sein zwischen den Menschen und Göttern. Grün fördert mehr das praktische Denken während Gelb das geistige Denken aktiviert. Das Symbol von Grün ist das konkrete Denken. Das ist der Grund, warum viele Mathematiker, Physiker, Geschäftsleute, Philosophen, Lehrer und Theologen eine besondere Vorliebe für Grün haben.

Grün ist der Ausdruck der Natur, der Pflanzen und Bäume. Es ist die Farbe der Bauern und Jäger. Grün bedeutet Anpassung, die Mitte und Gleichklang.

Im negativen Aspekt bedeutet grün Geiz, Materialismus, Ausnutzen von Mitmenschen und Neigung zu Betrug.

Erregbarkeit, Schlaflosigkeit, Furcht, Unruhe und Übereilung lassen sich mit Grün hervorragend therapieren.

Gallenleiden, Gastritis, Bronchitis mit starkem Husten, Bettnässen, Lumbago, Prostataleiden, Gicht, Übelkeit und klimakterische Beschwerden weichen bei richtiger Anwendung von Grün. Alle Nerven werden durch die grüne Heilschwingung entspannt und gestärkt.(Erschöpfungszustände) Unübertroffen aber ist die Heilwirkung am menschlichen Auge.

Der Sehnerv reagiert sofort auf die grüne Lichtschwingung. Ob es sich um Sehstörungen, erhöhten Augeninnendruck, Sehschwäche, Grauer Star, trockene Augen oder eine Augenentzündung handelt, die Linderung setzt sofort ein.

Eine Mischung der Farbe Grün mit Gelb, im gleichen Verhältnis, ergibt Lichtgrün. Lichtgrün ist die Nervennahrung selbst. Mit Lichtgrün werden Sie Heilerfolge haben, die Sie nicht fassen werden!

Kinder gedeihen in einer Umgebung (Zimmer, Kleidung) von hellem lichtem Grün besonders gut.

Man erleichtert lieben, normalen Durchschnittsmenschen den Sterbevorgang und den Loslösungsprozeß, in dem man sie mit dem Kopf nach oben lagert und das Herz grün bestrahlt.

Weitere Therapiemöglichkeiten mit grün entnehmen Sie bitte der Indikationsliste.

Blau

Die Ruhe, die Weite und die Unendlichkeit das ist blau. Der Himmel, das Meer, der Planet selbst schwingen in diesem lieblichen Ton.
Blau ist das Symbol für die Weisheit und der göttlichen Seele.
Diese 1. atonische Farbe ist die Stille. Es ist die gebietende, höchste Instanz des Menschen. Diese Haupt- oder Primärfarbe ist die spirituelle Flamme des Seins.
Blau ist verengend, entkrampfend, desinfizierend, hemmend und auflösend.
Im negativen Aspekt besteht Weichheit, Schwäche, Antriebslosigkeit und Untätigkeit.
Blau nimmt **Schmerzen**.
Mit der richtigen Wellenlänge ist es Ihnen möglich, stärkste Schmerzen zu vertreiben. Es spielt keine Rolle, ob es Migräne, Regelkrämpfe, Zahn- oder Rückenschmerzen sind. Selbst Krebsschmerzen werden gelindert, so daß Morphium reduziert werden kann.
Es gibt kaum eine Entzündung, die Sie mit blau nicht beeinflussen können. Geschwüre, Wucherungen, Verwachsungen, Warzen, Polypen werden ebenso günstig beeinflußt wie Bluthochdruck, FIEBER, Darmkrämpfe, Hämorrhoiden, Mandelentzündung und Überfunktion der Drüsen.
Bestrahlen Sie eine Frau mit Enge- und Druckgefühl im Hals.
Nach 15 Minuten sind die Beschwerden verschwunden.
Kinder lieben diese Farbe bei Mittelohrentzündung, Zahnungsbeschwerden, Schlafstörungen und Schwellungen.
Hyperaktive und zu Tobsucht neigende Menschen müssen blau bestrahlt werden und sollten eine blaue Umgebung und Kleidung erhalten.
Weitere Therapiemöglichkeiten mit blau entnehmen Sie bitte der Indikationsliste.

Indigo

Zeremonie, Symbolik und Ritus, das ist die Farbschwingung von Indigo.
Die 2. atonische Farbe unseres Spektrums entspricht der individuellen Seele des Menschen, dem geistigen Ego oder Pilger.
Indigo steht für tiefe Einsicht, Spiritualität und Liebe zu allen Wesen.
Es ist die geistige Kraft und die absolute Gerechtigkeit.
Es ist sehr schwer die passenden Worte für eine so hochstehende Farbe zu finden.
Indigo hat wenige Indikationen, weil dieser Farbton sehr stark verengend wirkt, obwohl er sehr hoch schwingt.
Einige Tumorarten sind mit Indigo zu beeinflussen.

Violett

Die 3. atonische Farbe entspringt dem geistigen Licht. Sie ist Symbol der Hingabe und des Idealismus. Diese stark passive Farbe ist eine Mischung aus rot und blau.
Violett ist der Aether, der Lebenskörper und gleichzeitig unser Lebensstrom. Hell strahlend ist violett Ausdruck von geistiger Erkenntnis.
Mit violett kann das Unterbewußtsein aktiviert werden.
Im negativen Aspekt macht violett überheblich, man schaut auf seine Mitmenschen herab.
Es ist die Farbe das Alters und der Reife.
Es wirkt zentral dämpfend und einschläfernd, ähnlich einem Beruhigungsmittel.
Doch Vorsicht, ein Übermaß violett macht unruhig, unstet und nervös.
Violett ist unschlagbar in der Bildung von Knochensubstanz, doch auch hier bitte nur kurz bestrahlen.
Bei seltenen Hautleiden wirkt es wahre Wunder.

Ein kleines Experiment mit Blau

Wenn Sie den blauen Kreis 15 bis 20 Sekunden mit Ihren Augen konzentriert fixieren und dann in den unteren Kreis schauen, erhalten Sie die Komplementärfarbe von blau.

Kapitel 7

Indikationsliste

Schnellübersicht von häufigen Erkrankungen

Krankheit	Farbe	Häufigkeit	Zeit	Körperzone
Augentränen	blau	so oft w.mögl.	so lange w. mögl.	Augen / hineinsehen
Augen-trocken	lichtgrün	3 x täglich	15 Minuten	Augen / hineinsehen
Blasenschwäche (Inkontinenz)	1. lichtgrün 2. blau	2 x täglich	10 Minuten 10 Minuten	Nabel / Blase
Fußpilz	blau	so oft w.mögl.	so lange w. mögl.	betr. Stelle
Gastritis	lichtgrün	3 x täglich	10 Minuten	Magen
Hitzewallungen	1. lichtgrün 2. blau 1. grün 2. gelb	3 x täglich 1 x täglich	10 Minuten 10 Minuten 5 Minuten 5 Minuten	Unterleib Niere
Husten	lichtgrün	3 x täglich	20 Minuten	Bronchien
Juckreiz	blau	so oft w.mögl.	so lange w. mögl.	betr. Stelle
Migräne zusätzl. Magen	blau lichtgrün	so oft w.mögl. 2 x täglich	so lange w. mögl. 10 Minuten	Kopf Oberbauch
Nagelbett/Zehen - vereiterung	blau	so oft w mögl.	so lange w. mögl.	betroff. Stelle
Neurodermitis m. Juckreiz	blau	so oft w.mögl.	so lange w. mögl.	betr. Stelle
wenn Juckreiz nachlassend	rot	3 x täglich	15 Minuten	betr. Stelle
Regelschmerz	1. blau 2. lichtgrün	so oft w.mögl.	so lange w. mögl. 15 Minuten	Unterleib
Schmerzen	blau	so oft w. mögl.	so lange w. mögl.	betr. Stelle
Schilddrüse Überf. Schilddrüse Unterf.	blau 1. rot 2. blau	3 x täglich 3 x täglich	15 Minuten 10 Minuten 10 Minuten	Hals
Tumor / Verwachs.	blau	so oft w.mögl.	so lange w. mögl.	betr. Stelle
Übelkeit	lichtgrün	3 x täglich	10 Minuten	Magen
Verspannung	1. lichtgrün 2. rot	3 x täglich	10 Minuten 10 Minuten	betr. Muskel
Zahnungs - beschwerden	blau	so oft w.mögl.	so lange w.mögl. Nachts brennen lassen	Schmerz – Bereich

Krankheit	Farbe	Häufigkeit	Zeit	Körperzone
A				
Abmagerung	1. rot 2. lichtgrün	2x tägl.	10 Min. 10 Min	Magen
Abortus(drohende Fehlgeburt)	1. lichtgrün 2. blau	3x tägl.	20 Min 20 Min.	Unterleib
Abszeß(Eiterherd)	blau	3x tägl.	20-25 Min.	betr. Stelle
Angst,Unruhe, Schrecken	1. blau 2. orange 3. rot	2x tägl.	10 Min. 10 Min. 10 Min.	Hals
Absterben d. Glieder	rot	so oft wie möglich	so lange wie möglich	betr. Glied
Afterfissuren (Hauteinriß)	1. blau 2. rot	3x tägl.	10 Min. 10 Min.	After
Afterjucken	1. blau 2. grün	2x tägl.	15 Min. 15 Min.	After
Afterjucken durch Würmer	1. gelb 2. lichtgrün	2x tägl.	15 Min. 15 Min.	Darmgegend
Aftervorfall	blau	3x tägl.	10 Min.	After
Alpträume	1. orange 2. blau	2x tägl. nachts blau brennen lassen	10 Min.	Nabelgegend
Akne (Eiter)	blau	3x tägl.	15 Min.	Gesicht
(wenn eiterfrei)	1. rot 2. blau	3x tägl.	15 Min 15 Min.	Gesicht
Anämie	rot	2x tägl.	15 Min.	ganzer Körper
Angst	1. orange 2. lichtgrün	3x tägl.	15 Min. 15 Min.	Herz und Nabelgegend
Appetitlosigkeit Appetit anregend	orange 1. rot 2. lichtgrün 3. gelb	2x tägl. 1x tägl.	10 Min. 20 Min.	ganzer Körper Lebergegend
Angina pectoris (Herzenge)	1. lichtgrün 2. rot	3x tägl.	10 Min. 10 Min.	Brustbein
Arbeitsunlust	1. orange 2. gelb	3x tägl.	10 Min. 10 Min.	Hinterkopf
Auffassung erhöhen	gelb	3x tägl.	10 Min.	Hinterkopf
Arterienverkalkung (Vergeßlichkeit)	1. orange 2. rot	3x tägl.	10 Min. 10 Min.	Kopf
Arterienverkalkung der Herzkranzgefäße	1. orange 2. rot	3x tägl.	10 Min. 15 Min.	Brustbein/ Herz

Krankheit	Farbe	Häufigkeit	Zeit	Körperzone
Arthritis (Gelenkentzündung)	1. rot 2. blau	3x tägl.	10 Min. 10 Min	betr. Gelenk
Arthrose,degenerativ	1. rot 2. blau	3x tägl.	10 Min. 10 Min.	betr. Gelenk
Asthma bronchiale	1. lichtgrün 2. rot	3x tägl.	5 Min. 10 Min.	Brust und Rücken
Aufheiternd	1. orange 2. gelb	2x tägl.	10 Min. 15 Min.	Herzgegend
Augenentzündung	1. lichtgrün 2. blau	2x tägl.	10 Min. 10 Min.	Augen anfangs geschlossen lassen
Augenlidentzündung	1. blau 2. lichtgrün	2x tägl.	10 Min. 10 Min.	Augen geschlossen nach abklingender Entzündung, mit offenen Augen
Ausschlag	rot	3x tägl.	20 Min.	betr. Körperteil
B				
Bandscheiben	1. lichtgrün 2. gelb	2x tägl.	20 Min. 10 Min	Rücken
Bartflechte	1. rot 2. blau	2x tägl.	10 Min. 15 Min.	Gesicht
Basedow (Überfunktion der Schilddrüse)	blau	4x tägl.	10 Min.	Halsgrube
Beingeschwür (offene Beine)	1. blau 2. rot	3x tägl.	10 Min. 15 Min.	Beine
Beinleiden - chron.	1. blau 2. rot	2x tägl.	10 Min. 15 Min.	Beine; wenn eiterfrei nur rot
Betäubung (Zustand nach.)	1. violett 2. gelb	2x tägl.	10 Min. 15 Min.	Kopf
Bettnässen	1. lichtgrün 2. blau	2x tägl.	10 Min. 15 Min.	Nabelgegend
Blasenentzündung	1. blau 2. lichtgrün	3x tägl. 3x täglich	10 Min. 10 Min.	Blase
Bleichsucht	1. rot 2. lichtgrün 3. gelb	3x tägl. 3x tägl.	10 Min. 10 Min. 5 Min.	ganzer Körper Lebergegend
Blinddarmreizung	blau	3x tägl.	10 Min.	Blinddarm
Blutdrang (roter Kopf)	blau	2x tägl.	15 Min.	Kopf

Krankheit	Farbe	Häufigkeit	Zeit	Körperzone
Blutdruck hoch	blau	3x tägl.	15 Min.	Kopf
Blutdruck niedrig	rot	3xtägl.	10 Min.	Kopf
Blutungen	blau	3x tägl.	30 Min.	betr. Körperteil
Bronchialkatarrh	1. lichtgrün 2. gelb	3x tägl.	10 Min. 10 Min.	Brust u. Rücken
Bronchitis	lichtgrün	3x tägl.	15 Min.	Brust u. Rücken
D				
Darmentzündung	1. gelb 2. lichtgrün	2x tägl.	10 Min 10 Min.	Darm
Darmkrämpfe	1. blau	3x tägl.	10 Min.	Darm
Depressionen	1. orange 2. rot	3x tägl.	5 Min. 10 Min.	Herz und Nabelgegend
Desinfizierend	blau	2x tägl.	15 Min.	Raum oder Gegenstand
Diabetes,mellitus	1. gelb 2. lichtgrün	2xtägl.	10 Min. 10 Min.	Magengegend
Durchfall	1. gelb 2. blau	3xtägl.	5 Min. 10 Min..	Darm
E				
Eiterungen	blau	2x tägl.	10 Min.	Krankheitsherd
Ekzem	1. rot 2. blau	3x tägl.	10 Min. 15 Min.	betr. Stelle
Entbindung, Einleitung	rot	2x tägl.	30 Min.	Unterleib
Entbindung, Zustand nach	blau	3x tägl.	25 Min.	Unterleib
Epilepsie	1. gelb 2. rot	3x tägl.	10 Min. 10 Min.	ganzer Körper
	lichtgrün			während des Schlafens
Erbrechen	lichtgrün	so oft wie möglich	so lange wie möglich	Magen
Erkältung	1. blau 2. rot	3x tägl.	10 Min. 15 Min.	ges. Körper
Ermüdung	1. gelb 2. lichtgrün	3x tägl.	5 Min. 10 Min.	Kopf
Erregung, schnell aufbrausend	1. blau 2. lichtgrün	2x tägl.	10 Min. 10 Min.	ges. Körper

Krankheit	Farbe	Häufigkeit	Zeit	Körperzone
F				
Fettsucht	1. blau 2. gelb 3. grün	3x tägl.	20 Min. 5 Min. 5 Min.	ges. Körper Lebergegend
Fieber	blau	so oft wie möglich	so lange wie möglich	ges. Körper
Fisteln wenn eiterfrei	1. blau 2. rot	3x tägl. 3x tägl.	10 Min. 10 Min.	betr. Stelle betr. Stelle
Flechten	rot	2x tägl.	30 Min.	betr. Stelle
Frakturen;erste Hilfe, Heilung	blau	3x tägl.	15 Min. u. länger	betr.Stelle
Furunkel	blau	3x tägl.	15 Min.	Krankheitsherd
G				
Gelenkentzündung	1. grün 2. blau 3. rot	3x tägl.	5 Min.. 10 Min. 5 Min.	beide Gelenke
Gemütsleiden	1. orange 2. hellviolett	2x tägl.	10 Min. 5 Min.	Herz und Kopf
Gereiztheit	1. blau 2. orange	2x tägl.	10 Min. 10 Min.	ges. Körper
Gicht	1. rot 2. lichtgrün	2x tägl.	10 Min. 10 Min. u. länger	kranke Stelle
Grauer Star - Trübung	1. rot 2. lichtgrün	2x tägl.	15 Min. 20 Min.	Augen öffnen und i. d. Lampe sehen
Grüner Star - Glaukom	lichtgrün	2x tägl.	30 Min.	Augen öffnen und i. d. Lampe sehen
Grippe mit Fieber	blau	2x tägl.	30 Min. u. länger	ges. Körper
Grippe ohne Fieber	1. blau 2. rot	2x tägl.	30 Min. u.länger	ges. Körper
Gürtelrose= Herpes-Zoster	1. rot 2. blau	2x tägl.	15 Min. 20 Min.	kranke Stelle

Krankheit	Farbe	Häufigkeit	Zeit	Körperzone
H				
Haarausfall	1. rot 2. gelb	2x tägl.	10 Min. 10 Min.	Kopf
Hämorrhoiden	blau	2x tägl.	15 Min.	kranke Stelle u.Unterleib
Hautleiden, chron.	rot	3x tägl.	10 Min.	kranke Stelle
Herzinfarkt, Zustand nach	1. orange 2. blau	3x tägl.	5 Min. 10 Min.	Herz
Herzleiden, chron.	orange	2x tägl.	15 Min.	Brustbein/Herz
Heufieber, allerg.	blau	3x tägl.	10 Min.	Nase
Hexenschuß;Lumbago	1. lichtgrün 2. rot	3x tägl.	10 Min.	Rücken,Hüfte
Hornhautentzündung	1. lichtgrün 2. rot	3x täglich	5 Min. 5 Min.	Augen geschlossen halten
Hüftgelenksluxation	1. rot 2. lichtgrün	3x tägl.	15 Min. 10 Min.	Hüfte
I				
Ischias	1. blau 2. lichtgrün	3x tägl.	10 Min. 15 Min.	Hüfte/Rücken
K				
Kehlkopfleiden	rot	3x tägl.	10 Min.	Hals
Keuchhusten	1. rot 2. lichtgrün	3x tägl.	10 Min. 15 Min.	Brust/Rücken
Klimakterium	1. lichtgrün 2. blau	3x tägl.	10 Min. 15 Min.	Unterleib
Knochenhaut-Entzündung	blau	3x tägl.	15 Min.	kranke Stelle
Kollaps	1. rot 2. blau	3x tägl.	10 Min. 5 Min.	ganzer Körper
Kolik	1. blau 2. rot	3x tägl.	15 Min. 10 Min.	kranke Stelle
Konstitutionsschwäche	1. rot 2 . blau	4x tägl.	5 Min. 5 Min.	ganzer Körper
Kopfschmerz	blau	3x tägl.	15 Min.	Kopf
Kreislauf,anregend	1. rot 2. blau	4x tägl.	10 Min. 5 Min.	Waden,Füße
Kropf	blau	3x tägl.	30 Min.	Hals

Krankheit	Farbe	Häufigkeit	Zeit	Körperzone
L				
Lähmung der Glieder	1. rot 2. blau	3x tägl.	15 Min. 15 Min.	kranke Glieder
Lähmung der Nerven	1. rot 2. lichtgrün	3x tägl.	15 Min. 15 Min.	Stelle des gelähmten Nervs
Leberleiden	1. gelb 2. lichtgrün	2x tägl.	10 Min. 15 Min.	Leber
M				
Magenkatarrh	1. gelb 2. grün	3x tägl.	10 Min. 10 Min.	Magen
Masern	rot	3x tägl.	20 Min.	ganzer Körper
Mandelentzündung	blau	3x tägl.	20 Min.	Hals
Mattigkeit	1. rot 2. lichtgrün	3x tägl.	5 Min. 10 Min.	gesamter Körper
Milzerkrankung	1. gelb 2. lichtgrün	3x tägl.	5 Min. 10 Min.	Milz
Müdigkeit	gelb	3x tägl.	10 Min.	Kopf
Multiple Sklerose	1. rot 2. lichtgrün	4x tägl.	10 Min. 10 Min.	gesamter Körper
Muskelschwund	1. rot 2. blau	4x tägl.	10 Min. 10 Min.	kranke Stelle
Muskelzittern	rosa	3x tägl.	10 Min.	gesamter Körper
N				
Nasenentzündung	blau	3x tägl.	10 Min.	Nase
Nervenentzündung mit motor. Ausfallserscheinungen	1. lichtgrün 2. blau	3x tägl.	10 Min. 10 Min.	kranke Stelle
Nervenlähmung	1. rot 2. lichtgrün	3x tägl.	10 Min. 15 Min	kranke Stelle
Nervenleiden,chron	1. gelb 2. lichtgrün	3x tägl.	10 Min. 10 Min.	gesamter Körper
Nervenstärkung	lichtgrün	2x tägl.	15 Min.	gesamter Körper
Neuralgie,ohne motor. Ausfälle	1. blau 2. rot	3x tägl.	10 Min. 10 Min.	kranke Stelle
Nierenerkrankung,akut	1. gelb 2. lichtgrün	3x tägl.	10 Min. 10 Min.	Nierengegend
Nierenleiden,chron.	1. grün 2. gelb	3x tägl.	5 Min. 10 Min.	Nierengegend

Krankheit	Farbe	Häufigkeit	Zeit	Körperzone
O				
Ohrenentzündung	blau	3x tägl.	15 Min.	Ohr,bei Schmerz Lampe nachts blau brennen lassen
Operation, Zustand nach	blau	3x tägl.	15 Min.	Op. Stelle u. ges. Körper
P				
Pessimismus	1. orange 2. rosa	3x tägl.	10 Min. 5 Min.	Herz
Polypen	blau	3x tägl.	10 Min.	kranke Stelle
wenn Polypen beseitigt	1. rot 2. blau	3x tägl.	5 Min. 10 Min.	kranke Stelle
Prostata,vergrößert	1. lichtgrün 2. blau	3x tägl.	5 Min. 10 Min.	kranke Stelle
Psoriasis (Schuppenflechte)	rot	3x tägl.	25 Min.	betr. Stelle und Körper
Psychosen	1. orange 2. gelb	3x tägl.	10 Min. 10 Min.	Kopf
R				
Rachitis	1. rot 2. grün	4x tägl.	5 Min. 10 Min.	gesamter Körper
Rheuma	1. rot 2. blau	4x tägl.	5 Min. 10 Min	kranke Stelle
Rippenfellentzündung	1. grün 2. rot	3x tägl.	5 Min. 10 Min.	Brust und Rücken
Rückenmarks-Erkrankung	1. rosa 2. Lichtern	4x tägl.	10 Min. 10 Min.	Rücken (Wirbelsäule)
Rückenschmerzen	1. blau 2. lichtgrün	3x tägl.	10 Min. 10 Min.	Rücken
S				
Scharlach	rot	4x tägl.	15 Min.	gesamter Körper
Schlaflosigkeit	1. blau 2. lichtgrün	1x tägl.	je 30 Min.	Eine Stunde vor dem Schlafengehen Lampe nachts brennen lassen

Krankheit	Farbe	Häufigkeit	Zeit	Körperzone
Schlafstörungen	blau	2x tägl.	30 Min.	gesamter Körper
Schlafsucht	1. rot 2. gelb	3x tägl.	5 Min. 10 Min.	Kopf
Schluckauf (Singultus)	blau	3x tägl.	10 Min.	Magengegend
Schnupfen	1. rot 2. blau	3x tägl.	10 Min. 15 Min.	Nase
Schüttellähmung, Parkinsson	1. grün 2. gelb	3x tägl.	15 Min. 15 Min.	Wirbelsäule
Sehfehler,Störungen	1. lichtgrün 2. gelb	3x tägl. 2x tägl..	10 Min. 10 Min.	Augen offen
Sehstärke erhöhen	lichtgrün	2x tägl.	20 Min.	Augen offen
Stirnhöhlenkatarrh	blau	3x tägl.	15 Min.	Gesicht
T				
Taubstummheit	1. rot 2. blau	3x tägl.	10 Min. 10 Min.	Hals
Tinnitus	1. rot 2. blau	3x tägl. 3x tägl.	10 Min. 10 Min.	Ohr
Tobsucht	blau	3x tägl.	20 Min.	Kopf
Trigemenusneuralgie nach abklingen des akuten Zustandes	blau 1. rot 2. blau	3x tägl. 3x tägl.	20 Min. 10 Min. 5 Min.	kranke Stelle kranke Stelle
Trübsinn	1. orange 2. rot	2x tägl.	10 Min. 10 Min.	Herz
U				
Übereilung	grün	2x tägl.	15 Min.	Kopf
Unruhe	1. blau 2. lichtgrün	3x tägl.	10 Min. 10 Min.	Kopf
Unzufriedenheit	1. orange 2. gelb	3x tägl.	5 Min. 10 Min.	gesamter Körper
V				
Venenentzündung	1. blau 2. rot	3x tägl.	10 Min. 5 Min.	kranke Stelle
Verbrennungen	1. rot 2. blau	3x tägl.	5 Min. 10 Min.	kranke Stelle
Verstauchungen	1. lichtgrün 2. blau	3x tägl.	10 Min. 15 Min.	kranke Stelle
Verstopfung	gelb	2x tägl.	20 Min.	Darm

Krankheit	Farbe	Häufigkeit	Zeit	Körperzone
W				
Wachstumsstörungen	1. rot 2. blau	3x tägl.	15 Min. 10 Min.	gesamter Körper
Warzen	blau	3x tägl.	20 Min.	kranke Stelle
Wassersucht (Ödeme)	1. lichtgrün 2. gelb	3x tägl.	10 Min. 10 Min.	Leber/Niere
zusätzlich	3. orange	3x tägl.	15 Min.	Herz
Wucherungen	blau	3x tägl.	20 Min.	kranke Stelle
Wunden,chron.	1. rot 2. blau	3x tägl.	10 Min. 10 Min.	kranke Stelle
Wunden,entzündet wenn schmerz- und eiterfrei	blau 1. rot 2. blau	3x tägl. 3x ägl. 3x tägl..	15 Min. 10 Min. 10 Min.	kranke Stelle kranke Stelle kranke Stelle
Wunden,frisch	rot	3x tägl.	10 Min.	kranke Stelle
Z				
Zahnschmerzen wenn schmerz- und eiterfrei	blau 1. rot 2. blau	3x tägl. 3x ägl. 3x tägl.	15 Min. 5 Min.. 5 Min..	Zähne Zähne Zähne
Zirkulationsstörungen	1. rot 2. grün	2x tägl.	15 Min. 10 Min.	Waden,Füße,(Kopf)

Kapitel 8

Kosmetische Wirkung der Farben

Standardfiltersatz

orange, blau, gelb, rot grün

Zusatzfilter

hellblau, violett, rosa

Blasse Haut	rot	2x tägl.	30 Min.	Gesicht
Blutfülle	blau	3x tägl.	10 Min.	Nabelgegend
Unreine Haut	1. rot	3x tägl.	10 Min.	Gesicht
	2. blau		15 Min.	Gesicht
Verjüngung (Falten)	1. lichtgrün	3x tägl.	10 Min.	
	2. rot		10 Min.	

Farbensehen

Durch das Farbensehen wird die Farbe mit den Augen aufgenommen, wodurch nicht nur Krankheiten beseitigt werden und eine Regeneration erfolgt, sondern auch eine spürbare Verjüngung stattfindet.

Farbbestrahlung

Sie können Ihre Wannenbäder oder auch ein Glas Wasser (Trinkwasser) durch bestrahlen mit der entsprechenden Farbe zu Heilzwecken nutzen um Krankheiten zu lindern oder zu heilen.
Bestrahlungsdauer: 20 Minuten
Abstand der Farblampe: 40 bis 60 cm
Das Heilwasser ist dann schluckweise auszutrinken.

Kapitel 9

Die Aura des Menschen

Einige Farbtöne der Aura

Purpur
Eine sehr seltene Farbe. Diese Menschen haben künstlerische Anlagen einen tief ausgeprägten Sinn für Schönheit.Sie sind stolz, triebhaft und eitel.

Rosa
Feinsinnige Ästheten, stark dem Empfindungsleben unterworfen. Je nach Helligkeit der Aura beginnende Menschheitsliebe.

Beispiel einer Aura

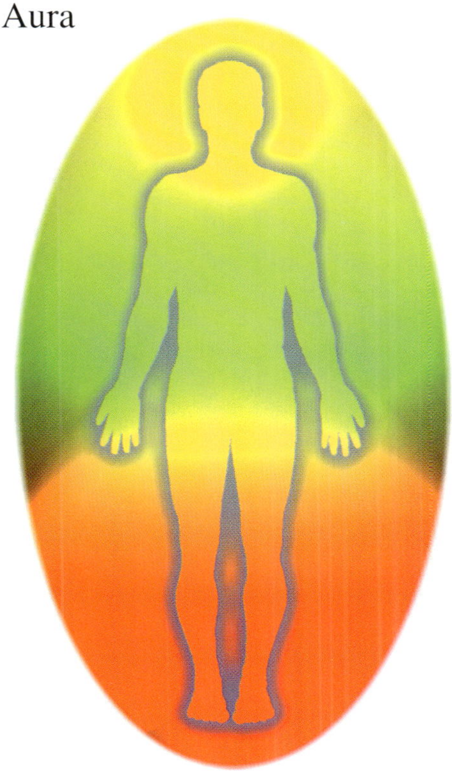

Grau
Die Farbe der Niedergeschlagenheit, Geizhälse, furchtsame ängstliche Menschen.

Braun
Die Farbe des Materiellen, insbesondere dunkelbraun. Dieser Typus ist aus geistiger Sicht rein ichbetont. So ein Mensch denkt, lebt und handelt stets egoistisch.

Hellbraun
Dies sind Menschen mit einem klein wenig besseren Charakter. Schlaue Geschäftsleute, die wohl noch sehr materiell eingestellt sind, aber ihre Verstandeskräfte in ihren Beruf einfließen lassen. Wenig Empfindung.

Grün
Die Aura der Intellektuellen, Mathematiker, Naturwissenschaftler, usw.. Bei normaler Grüntönung sind diese Menschen sehr erdgebunden und arbeiten in erster Linie für persönlichen Ruhm und Ehre.

Hellgrün
Ist die Aura von Menschen, die sich bereits um geistiges Verständnis bemühen. Sie sind nicht mehr so materiell eingestellt und neigen zu übermäßiger Tätigkeit.

Dunkelblau
Die blaue Aura kennzeichnet den etwas weiter entwickelten Mensch. Es sind die Mystiker und Künstler die sich während Ihrer Lebens- u. Schaffenszeit in die Musen versenken. Sie sind fromm im kirchlichen Sinn.

Hellblau
Neigung zur Religiosität, starkes Empfindungsleben, suche nach Gemeinschaftlichkeit, Redlichkeit, Herzensgüte.

Violett
Verbindung mit der eigene göttlichen Seele, Kontemplation, der wahre Mensch. Sehr hohe geistige Stufe und Erkenntnis.

Rot
Die Persönlichkeit mit starkem Willen, aber auch mit Leidenschaftlichkeit, Triebhaftigkeit, Neigung zu Zorn, Unbedachtsamkeit und Jähzorn.

Hellrot
Hier steht dagegen der Wille bereits unter dem Intellekt und wird beherrscht. Es sind diese Menschen, die einen starken Willen besitzen, ohne leidenschaftlich oder unbeherrscht zu sein.

Dunkelorange
Diese Menschen neigen bereits zum geistigen Leben und zur Selbstentfaltung, sind aber noch stark triebhaft. So ist ein Hin - und Herwanken zu beobachten. Sehr starke Empfindungen.

Hellorange
Dies ist die Aura von Menschen, die das Triebhafte überwunden haben und bereits die Anfangsstufe der geistigen Erkenntnis erreicht haben.

Gelb
Die Aura von Esoterikern, Menschen, die weit fortgeschritten in der geistigen Erkenntnis sind und dementsprechend ihre Triebe vollkommen beherrschen. Die göttliche Seele ist entwickelt.

Diese Farben sind selten genau ausgeprägt, also rein, sondern es gibt viele Abstufungen. Je klarer und strahlender sich die Farbe der Aura darstellt, desto edler die Gedanken und der Charakter.
Stimmungen wie z. B. Freude, Leid, Zorn usw. senden ebenfalls Schwingungen in Form von Energien und Farben aus. Man spürt diese Ausstrahlung als Sympathie oder Antipathie, als Wonnegefühl oder Disharmonie.
In unserer eigene Familie erfühlen wir die Verfassung unserer Lieben nur durch ihren Schwingungszustand, ohne das sie ein Wort sprechen. Auch hier läßt sich durch Farben das Gleichgewicht wieder herstellen, denn jede einzelne Zelle ist dieser Schwingung unterworfen.

Dies sind also die Farben, oder man könnte auch sagen, Schwingungszustände bei verschiedenen Menschen, die man je nach ihren Veranlagungen und ihrem Denken wahrnehmen, empfinden oder auch sehen kann. Jedes Organ leuchtet in der entsprechenden Farbe oder Schwingungszustand. Durch Krankheiten, Leid, Trauer oder aber Freude, Güte und Mitgefühl verändern sich die Strukturen der Materie und Farben zum Positiven oder wie es meistens geschieht zum Negativen. Die Aura des Menschen hat eine einzige Farbe als Grundton, also eine Grundfarbe, aus der alle anderen Farben oder Schwingungen hervorgehen und gebildet werden.

Ein kleines Experiment mit Gelb

Wenn Sie den gelben Kreis 15 bis 20 Sekunden mit Ihren Augen konzentriert fixieren und dann in den unteren Kreis schauen, erhalten Sie die Komplementärfarbe von gelb.

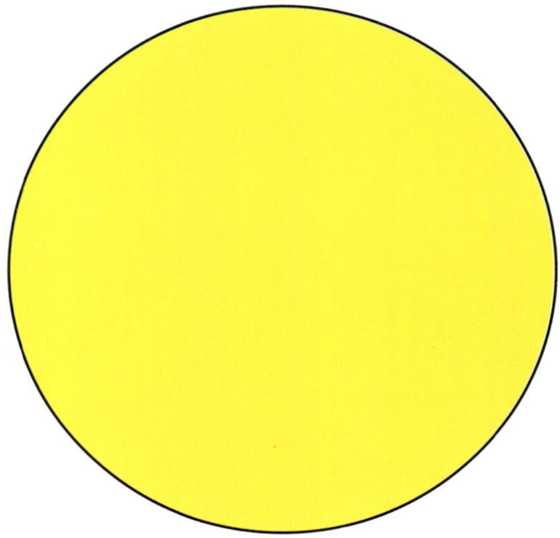

Kapitel 10

Geistig- seelische Wirkungen der Farben

Gelb
fördert den Intellekt, die Auffassungsgabe und den Lerneifer (Kinder/Schule)

Gelb-lichtgrün
wechselweise, fördert den Intellekt, die innere Ruhe und gibt Nervenkraft

Lichtgrün-blau
wechselweise, gibt Nervenkraft, fördert die Entspannung und innere Ruhe

Rot-gelb
aktiviert den Willen und den Intellekt

Lichtgrün
erhöht die Nervenkraft, steigert den (gelb und grün) Intellekt, erhöht die Willenskraft und verleiht innere Ruhe

Orange
Heiterkeit, Frohsinn, Herzenswärme

Orange-gelb
Herzenswärme, Heiterkeit, Herzdenken

Lichtgrün-hellviolett
Herzdenken, Heiterkeit, geistige Erkenntnis, Nervenkraft

Blau
Ruhe, Entspannung, die Unendlichkeit

Hellviolett
geistige Kraft, Erkenntnis

Blau-rot
Wirkung auf das Unterbewußtsein

Türkisblau
Wirkung auf die Haut, seelisch
(grün und blau)

Violett
geistige Erkenntnis

Rosa
allgemeine Menschenliebe

Ein kleines Experiment mit Grün

Wenn Sie den grünen Kreis 15 bis 20 Sekunden mit Ihren Augen konzentriert fixieren und dann in den unteren Kreis schauen, erhalten Sie die Komplementärfarbe von grün.

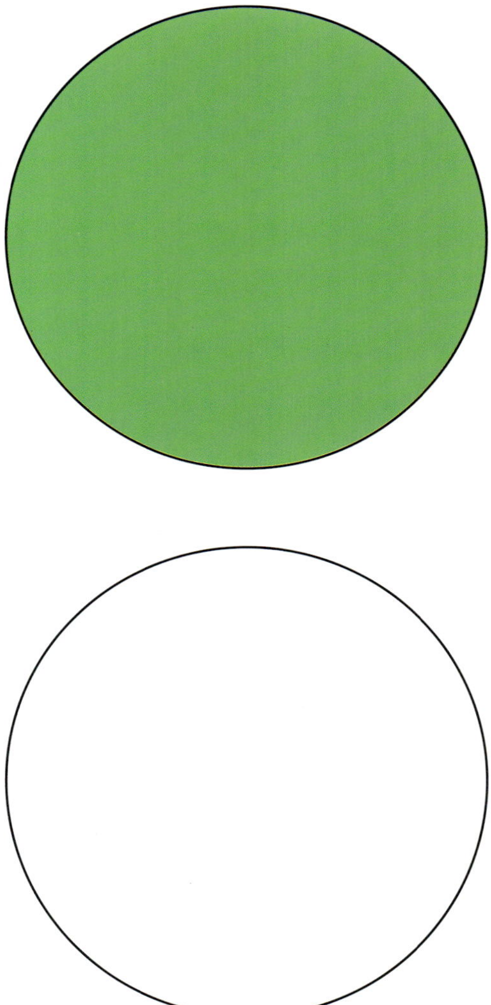

Kapitel 11

Farbnuancen

Sie erhalten durch mischen der farbigen, hitzebeständigen Spezialfilter folgende Farbtöne:

Anzahl	Farbe	Anzahl	Farbe	Ergebnis
1			rot	purpurrot
2	blau	1	rot	tiefes blauviolett
1			grün	türkisblau
1	grün	1	gelb	lichtgrün
1			gelb	tiefes gelbgrün
3	gelb	1	rot	rotorange
2			orange	gelborange
1	rosa	2	hellblau	hellviolett
1			grün	kräftiges grün
1	rot	1	blau	dunkelviolett

Diese aufgeführten Farbtöne sind auf ihre Wirksamkeit geprüft und haben sich im Laufe vieler Jahre bewährt.
Selbstverständlich sind den individuellen Bedürfnissen keine Grenzen gesetzt und noch unzählige Farbnuancen wählbar. Jedem steht es frei schöpferisch tätig zu sein.

Vielleicht entdecken gerade Sie alte Farbtöne oder entwickeln neue Heilfarben.

Ein kleines Experiment mit Violett

Wenn Sie den violetten Kreis 15 bis 20 Sekunden mit Ihren Augen konzentriert fixieren und dann in den unteren Kreis schauen, erhalten Sie die Komplementärfarbe von violett.

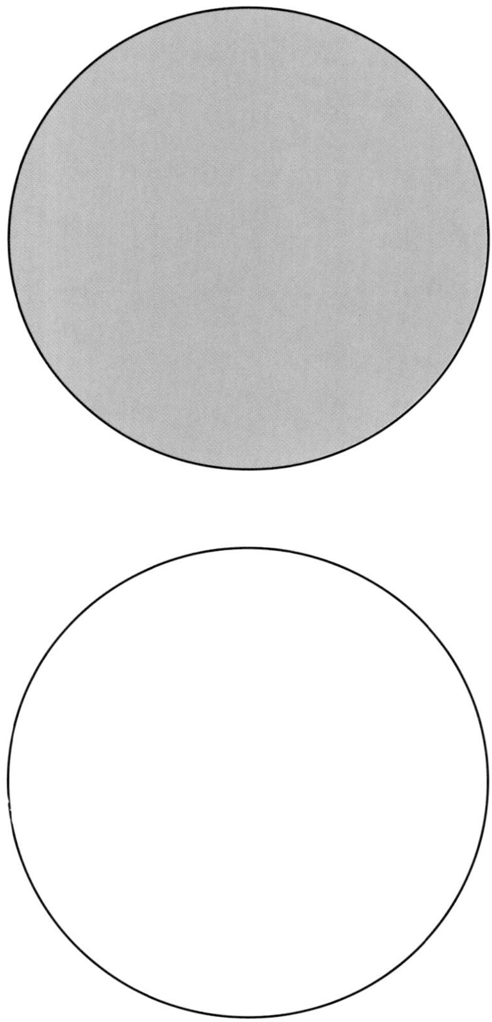

Kapitel 12

Fallbeispiele

Einige Fälle aus der Praxis

PCP.

Frau Annegret A. aus W. litt seit früher Jugend an PCP (primär chron.Polyarthritis). Alle Gelenke der 39 jährigen Frau waren gerötet und dick geschwollen. Trotz Kortison und Antirheumatika traten immer wieder Fieberschübe auf. Frau A. war nicht mehr arbeitsfähig und lag nur noch im Bett. Durch hohe Dosen Schmerzmittel war das Blutbild mehr als schlecht und der Hausarzt drängte zum x-ten mal zur Klinikeinweisung. Doch Frau A. sah keinen Sinn in einem erneuten Krankenhausaufenthalt. Durch Bekannte erfuhr sie von der Farbtherapie und stellte sich bei mir vor.

Neben der Umstellung der Ernährung, (keine Milchprodukte, kein Zucker, kein Obst außer Äpfeln) wurden homöopath. Heilmittel verordnet.

Alle Gelenke wurden mit der Farbheillampe, 1. rot und 2. blau, bestrahlt.

Gegen das Fieber und die Schmerzen wurde blau eingesetzt.

Nach kurzer anfänglicher Erstverschlimmerung ließen die Schmerzen deutlich nach. Das Fieber verschwand. Heute ist die Patientin schmerzfrei und voll arbeitsfähig. Das Blutbild ist normal und die Gelenke geheilt.

Diabetes mellitus

Herr B. aus K. war schockiert als sein Hausarzt ihm eröffnete er habe Alterszucker. Da aber der rüstige 64 Jährige keine Chemie nehmen wollte, kam er zu mir. Neben der üblichen Ernährungsumstellung und der Naturheilmittel wurde sein Bauchbereich täglich 3 x mit 1. gelb und 2. lichtgrün (gelb + grün) je 10 Minuten bestrahlt.

Nach 14 Tagen war der Blutzucker von 217mg / % auf 128mg / % gefallen. Im Urin war kein Zucker mehr nachweisbar.

Heute ist der Diabetes ausgeheilt.

Warzen
Niels, 4 Jahre, erschien mit seinen Eltern in meiner Praxis. Der ganze Körper war übersät mit Warzen. Mit täglicher Blaubestrahlung verschwanden alle Warzen nach 2 Monaten.

Herzinsuffizienz
Frau P. aus G. besuchte mich Mitte Juli 99 in Lensahn. Die Zyanose (blaue Lippen) und die starke Dyspnoe (Atemnot), schon im Sitzen, verhieß nichts gutes. Sie sollte im September 99 in der Uni Eppenddorf in Hamburg operiert werden. Ihr sollte eine künstliche Herzklappe implantiert werden. Obwohl der Termin schon feststand, wollte sie die Operation unter allen Umständen vermeiden. Nach einer halbstündigen Bestrahlung mit 1. orange und 2. rot, war sie beschwerdefrei.
Sie bestrahlte täglich 3 Stunden ihr Herz. Ihr Zustand verbesserte sich von Tag zu Tag. Es fand ***keine*** Operation statt. Heute ist sie beschwerdefrei und überwintert auf Gran Canaria. Ist das nicht ein Wunder ? Ich denke, nein!

Migräne
David, 12 Jahre, leidet seit 5 Jahren an Migräne. Nach 5 Wochen Bestrahlung mit blau für den Kopf und lichtgrün (gelb + grün) für den Bauchspeicheldrüsen/Magenbereich ist der Junge geheilt.

Allergie und Asthma
Frau I.P. aus O. wird ihren allergischen Schnupfen und das Bronchialasthma nicht los. Nach 6 Monaten Bestrahlung mit 1. lichtgrün und 2. rot gegen das Asthma und blau für den allergischen Schnupfen, sind ihre Beschwerden verflogen.

Verbrennungen
Frau N. aus G. verbrühte sich mit heißem Kakao den rechten Unterarm. Nach Kühlung des Armes mit kalten Wasser bestrahlte Frau N. geduldig mit 1. rot und 2. blau. Nach 3 Wochen heilte die Verbrennung 2. Grades narbenfrei ab.

Konzentrationsschwäche
An ihrem kleinen Sohn verzweifelte eine Dame aus R. Die Versetzung war gefährdet. Alexander konnte sich nicht konzentrieren. Konsequente tägliche Bestrahlung des Hinterkopfes mit gelb halfen ihm in die Versetzung zu erreichen.

Augenentzündung
Frau P. aus G. litt nach einer Augenoperation an chron. Augenschmerzen. Das Auge tränte und war rötlich geschwollen. Nach 3 Wochen lichtgrün (gelb + grün) war die Entzündung beseitigt.

Neurodermitis und Asthma
Tobias, 4 Jahre, litt an Neurodermitis und Asthma. Mit rot und blau rückten wir der Neurodermitis zu Leibe. Das Asthma bekämpften wir mit lichtgrün und rot. Es verging nur eine kurze Zeit und das Ekzem ging deutlich zurück. Das Kind schlief wieder durch und hatte bis heute keinen Asthmaanfall. Wir bleiben am Ball.

Bandscheibenvorfall
Frau W. aus W. litt an einem Bandscheibenvorfall und wurde mit Naturheilmittel behandelt. Diese sprachen jedoch nicht an. Auch nach

den Schmerzspritzen ihres Arztes ging es ihr kaum besser. Akut bestrahlten wir mit blau und dann mit lichtgrün. Bei Schmerzfreiheit, nach wenigen Tagen, bestrahlt sie nun die Bandscheiben mit 1. lichtgrün und 2. gelb. Es geht ihr immer besser.

Magengeschwür

Bei Frau K. aus T. sollte aufgrund ihrer chron. Magengeschwüre ein Teil des Magens entfernt werden. Sie litt unter großen Schmerzen. Am 25.6.99 begann sie mit der Bestrahlung ihres Magens. Anfänglich immer nur blau, später lichtgrün. Nach ca. 3 Monaten waren gastroskopisch keine Magengeschwüre mehr nachweisbar.

Bettnässer

Benjamin, 8 Jahre, war Bettnässer. Seine Mutter verzweifelte immer mehr. Durch den täglichen Bettwäschewechsel stiegen die Waschpulverkosten und der Wasserverbrauch erheblich.

Durch Bestrahlung des Solar Plexus (Sonnengeflecht) und der Blase mit 1. lichtgrün und 2. blau ist das Kind nun geheilt. Er war schon nach der 1. Woche deutlich “trockener”.Die Wasser- und Waschpulverkosten normalisierten sich.

Kleine Tierkunde

Eine Patientin berichtet über folgende erstaunliche Wirkungen der Farbbestrahlung bei ihren Katzen:

Kiki
Im Alter von 10 Jahren wurde eine akute Herzinsuffizienz festgestellt; nach Meinung der Tierärztin war die Katze nur bei Dauermedikation weiterhin lebensfähig.
Tägliche Bestrahlungen mit orange bescherten ihr noch vier gesunde Lebensjahre – ohne Medikamente.

Kalle
Kalle litt mit 14 Jahren an einer zum Tode führenden Bauchfellentzündung. Da die Besitzerin das Einschläfern des Katers, aus ethischen Gründen, ablehnte, bestrahlte sie das Tier Tag und Nacht mit blau. Sie beschränkte sein Leiden dadurch auf ein Minimum und ermöglichte dem Tier so einen friedvollen, schmerzlosen Tod.

Mischa
Dieser Kater erkrankte im Alter von fünf Jahren an einer Bronchitis, als Auswirkung eines akuten Katzenschnupfens. Täglich mehrstündige Bestrahlungen mit lichtgrün in Verbindung mit Regenaplexen, ließen den Kater nach einer Woche voll genesen.

Die Liste von Erfolgen ließe sich endlos verlängern. Ich weiß, daß ich mich oft wiederhole, aber man kann es nicht genug betonen, Farben heilen. Wenn Sie die Möglichkeit haben, nutzen Sie diese sanfte, positive Energieform zur Linderung und Heilung von Krankheiten.

Kapitel 13

Ausblick und Zukunft

Die Farbtherapie ist die Heilweise der Zukunft

Im Laufe der Evolution werden sich unsere Sinne weiter entfalten. Dies betrifft in erster Linie unser Auge und den Sehsinn. Es wird sich eine Art Hellsehen entwickeln, die es dem Menschen gestatten wird die Tore zu größerer Erkenntnis weit aufzustoßen. Wir werden die geistigen Welten die in der Gegenwart durch einen Schleier verhüllt sind, wahrnehmen können.
Es werden wunderbare Entdeckungen gemacht werden. Heilmittel gegen Krebs und andere unheilbare Krankheiten werden gefunden werden. Krankenhäuser, wie wir sie heute kennen, werden wahren GESUNDHEITSHÄUSERN Platz machen und aufhören zu existieren.
Patienten werden ausschließlich von ganzheitlich ausgebildeten und geschulten Ärzten behandelt werden. Die Heilkunst wird nur noch von moralisch einwandfreien Menschen ausgeübt werden dürfen. Das Studium wird einer grundlegenden Wandlung unterworfen werden, denn Energien und Strahlungen werden Mittelpunkt der Ausbildung sein. Die kommende Medizin wird auch die Schwerpunkte in Bezug auf Krankheiten verändern. Der physische Körper wird als sekundär betrachtet werden und der Blickpunkt wird sich auf den Lebenskörper und den Gefühlskörper richten. In diesen beiden Trägern entstehen 90% der Krankheiten, unter denen die Menschheit leidet.

Beruflich werden die Menschen der Zukunft nach ihrem Charakter, ihrer geistigen Kraft und ihrer makellosen Ausstrahlung eingestellt werden.

Friedhöfe in Ihrer jetzigen Form werden verschwinden, denn man wird beim ablegen des menschlichen Körpers die Feuerbestattung wählen, umden seit Jahrtausenden durch Leichname und deren Keime durchdrungenen Erdboden zu entlasten.

Der Mensch wird für sich neue Naturgesetze entdecken und unglaubliche Fortschritte machen. Die Zeit der Menschenverbrüderung wird kommen. Wahrheit, Gerechtigkeit, Barmherzigkeit und Nächstenliebe werden die

Werte dieser Menschheit sein. In den folgenden Epochen wird jeder die Gedanken des Anderen lesen können. Er wird diese Gedanken auch sehen können in Form, Farbe und Strahlung.

Der Äther wird entdeckt werden und somit weltweit alle Energieprobleme lösen. Er ist das Perpetuum mobile.
Der Lebenskörper wird durch bestimmte Belichtungen auf hoch sensible Filme aufgenommen werden können.
Doch leider gibt es im Moment noch keinen so feinen Film der dies bewerkstelligen könnte. Die heutigen Aura Fotografien sind allerdings die primitiven Vorstufen zur wahren Darstellung des feinstofflichen ätherischen Körpers.
Mir ist bewußt, daß ich von meinen verehrten Lesern ungebührlich viel Phantasie abverlange und daß die letzten Sätze gerade zu utopisch klingen. Aber denken Sie bitte daran wie ein Mensch des 15. Jahrhundert reagieren würde wenn Sie ihm erklären müßten, daß es dem Menschen des 20. Jahrhundert ein leichtes ist auf dem Mond zu landen.
Versuchen Sie bitte jenem Menschen Atomkraftwerke oder Mikrochips zu erläutern. Er wird Ihnen nicht glauben, weil er sich diese Dinge nicht vorstellen kann. Es ist wie mit den Atomen. Man sieht sie nicht, weiß aber, daß sie existieren und den kleinsten Raum ausfüllen.
Wenn man in der heutigen Zeit die Krisen, Kriege, Naturkatastrophen und den Materialismus ansieht könnte die Menschen Zweifel an der Wendung zum Guten befallen.
Aber die Zeit der Brüderlichkeit wird kommen, auch wenn es schwer vorstellbar ist.
Der Mensch wird wieder zum wahren Schöpfer werden. Tragen wir selber dazu bei in uns die positiven Energien zu aktivieren und unsere Einstellung zu allen Wesen zu verbessern. Legen wir unsere Ichbezogenheit, unseren Egoismus ab und schaffen somit eine neue bessere Weltordnung.

ALLES WIRD GUT !

Raum für persönliche Eintragungen

Raum für persönliche Eintragungen

Raum für persönliche Eintragungen